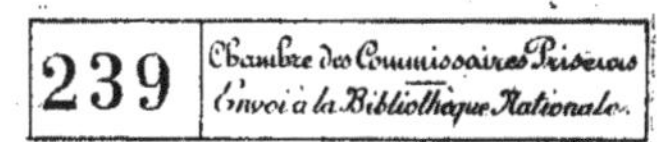

COLLECTION JULES GERBEAU

J. G.

Estampes modernes

ESTAMPES MODERNES

CONDITIONS DE LA VENTE

Elle sera faite au comptant.

Les acquéreurs paieront 10 p. 100 en sus des enchères.

M. Strölin se réserve la faculté de rassembler ou de diviser les lots.

La Collection sera exposée, 27, rue Laffitte, du Lundi 18 au Samedi 23 mai.

ORDRE DES VACATIONS

Lundi	25 Mai	. . . .	N°s 1 à 202
Mardi	26 —	. . . .	— 203 à 403
Mercredi	27 —	. . . .	— 404 à la fin.

ESTAMPES MODERNES

ŒUVRES

DE

COROT, DELACROIX, FANTIN
GAILLARD, SEYMOUR HADEN, CH. JACQUE
LEGROS, LEPÈRE, MÉRYON, MILLET
WHISTLER, ZORN, etc.

Composant la Collection de M. Jules GERBEAU

ET DONT LA VENTE, PAR SUITE DE SON DÉCÈS
AURA LIEU A PARIS

HOTEL DROUOT, salle N° 7

du Lundi 25 au Mercredi 27 Mai 1908

A DEUX HEURES PRÉCISES

COMMISSAIRES-PRISEURS

Mᵉ Paul BIZOUARD	Mᵉ Henri BAUDOIN
18, rue Duphot, 18	Successeur de Mᵉ P. CHEVALLIER
PARIS	10, rue Grange-Batelière, 10

EXPERT

M. Alfred STRÖLIN, marchand d'estampes, 27, rue Laffitte

DÉSIGNATION

ALLEMAND ET DIVERS

1. Paysages.

Six pièces, épreuves d'artiste sur chine.

BERTON (A.)

2. Études de nu, portraits.

Dix-sept pièces, très belles épreuves d'artiste, signées.

BONINGTON (R.-P.)

3. Vue générale de l'Église et de l'abbaye de Tournus (A. B. 2). — Vue générale de l'Église Saint-Gervais et Saint-Protais à Gisors (11).

Deux pièces, très belles épreuves sur chine.

4. Rue du Gros Horloge à Rouen (10).

Très belle épreuve, sur chine.

5. Tour du Gros Horloge bâtie sous la domination des Anglais à Évreux (13).

Très belle épreuve sur chine.

BRACQUEMOND (F.)

6. Théophile Gautier (H. B. 49).

Très belle épreuve avant toute lettre.

7. Le Haut d'un battant de porte (110).

Très belle épreuve du 3e état, avant la planchette : cachet de collection en partie sur l'estampe.

8. Le Canard (116).

Très belle épreuve du 2e état, avant la légende, sur papier ancien ; cachet de collection dans la marge du cuivre.

9. La Volaille plumée (155).

Superbe épreuve sur japon : cachet de collection sur l'estampe.

10. Essai de procédé (164).

Très belle épreuve.

11. Le Jars (211).

Très belle épreuve, sur japon.

12. Le Vieux coq (222).

Très belle épreuve, avant toute lettre, sur japon, signée.

13. Quinze eaux-fortes pour illustrer les œuvres de Rabelais dessinées et gravées par Bracquemond (Lemerre, 1872). 1 vol.

Très belles épreuves, sur chine volant.

CALAMATTA (L.)

14. Charles Fourier, d'après Gigoux.

Très belle épreuve.

CHAHINE (E.)

15. Portrait de M. J. Gerbeau.

Très belle épreuve, sur japon, signée.

16. Portrait de Louise France.

Superbe épreuve, sur japon, signée.

17. Portrait de Louise France, en pied.

Superbe épreuve, avant la signature gravée, signée.

18. Mlle Delvair. — Mlle L. B. — Juliette.

Trois pièces, très belles épreuves, signées.

19. La Belle Rita. — Mlle Lily, etc.

Trois pièces, très belles épreuves sur japon, signées.

20. Un Couple de soupeuses. — Le Promenoir.

Deux pièces, très belles épreuves en couleurs, sur japon, signées.

21. Vieille mendiante à l'Église. — La vieille femme ; 1er état en couleurs.

Deux pièces, très belles épreuves signées.

22. Marchandes au panier. — Marchande des 4 saisons (1re pl.). — Marchande des 4 saisons. Quai des Célestins. — Chiffonnière.

Quatre pièces, très belles épreuves, signées.

23. Le Canal de La Villette.

Trois épreuves d'états différents dont une avec remarque et dédicace, signées.

24. Distribution de soupe le Vendredi. — L'Attente de la soupe. — Les Terrassiers, etc.

Quatre pièces, très belles épreuves, signées.

25. Les Lutteurs pivotant sur la tête. — Double pont. — Double prise de tête à terre.

Trois pièces, très belles épreuves, en couleurs sur japon, signées.

26. La Terrasse, épr. d'état. — Le Boa de plumes. — Bar américain. — Le Matin aux Acacias.

Quatre pièces, très belles épreuves, signées.

27. Saint-Ouen, vu des fortifications. — Les Poids, Boulevard de Clichy. — Coin de rue dans le quartier des Grandes Carrières. — Avenue de Clichy, marché en plein vent.

Quatre pièces, très belles épreuves, signées.

28. Vue de Notre-Dame. — Église Saint-Gervais. — La Sainte-Chapelle. — Saint-Germain l'Auxerrois : 2 épr.

Cinq pièces, très belles épreuves, signées.

29. Le Pont Marie. — La Roulotte. — Lutteurs. — Portraits, etc.

Six pièces, très belles épreuves, signées.

COROT (J. B. C.)

30. Bateau sous les saules (A. Robaut 2).

Très belle épreuve sur papier ancien.

31. L'Étang de Ville-d'Avray (3).

Très belle épreuve, sur papier ancien.

32. Souvenir des Fortifications de Douai (12).

Très belle épreuve, sur japon (Vte Robaut).

33. Le Dôme Florentin (13).

Très belle épreuve, sur japon (Vte Robaut).

34. La Rencontre au bosquet (3144), autographie.

Superbe épreuve d'essai rehaussée au lavis par Corot (Vte Robaut).

35. Le Cavalier dans les roseaux (3145), autographie.

Très belle épreuve (Vte Robaut).

36. Le Coup de vent (3146), autographie.

Très belle épreuve du 1er état (Vte Robaut).

37. Une famille à Terracine (3152), autographie,

Toute première épreuve (Vte Robaut).

38. La Petite sœur (3162), cliché verre.

Très belle épreuve, cachet de collection sur l'épreuve.

DAUBIGNY (Ch.)

39. Le Printemps.

Très belle épreuve avec dédicace, signée.

40. Bords de l'Oise. — Le Verger.

Deux pièces, très belles épreuves d'artiste.

41. Eaux-fortes par Daubigny : 1 vol.

Titre et vingt et une pièces, très belles épreuves.

DAUMIER (H.)

42. La Rue Transnonain.

Très belle épreuve (Collon Giacomelli).

43. Le Ventre Législatif.

Très belle épreuve.

44. Enfoncé Lafayette.

Très belle épreuve.

45. Ne vous y frottez pas.

Très belle épreuve.

DECAMPS (A. G.)

46. Corps de garde turc (H. B. 17). — Village de Turquie (19) : etc.

Trois pièces, très belles épreuves, sur chine.

DELACROIX (E.)

47. Tigre couché (A. Moreau 9), eau-forte.

Très belle épreuve sur papier ancien.

48. Tigre couché dans le désert (16), eau-forte.

Superbe épreuve du 1er état, sur chine.

49. Combat du Giaour et du Pacha (9), litho.

Superbe épreuve du 1er état, avec croquis dans la marge inférieure; cachet de collection sur l'estampe.

50. Cheval sauvage terrassé par un tigre (10), litho.

Superbe épreuve du 1er état, sur chine, cachet de collection sur l'estampe.

51. Lionne déchirant la poitrine d'un Arabe (17), vernis mou.

Très belle épreuve du 1er état, imprimée en sanguine.

52. Lion de l'Atlas. — Tigre royal (42-43), lithos.

Deux pièces, superbes épreuves, toutes marges.

53. Lion dévorant un cheval (56), litho.

Deux pièces, très belles épreuves, dont une du 2e état.

DESBOUTIN (M.)

54. Mme Hector de Callias (H. B. 39).

Très belle épreuve de remarque.

FANTIN

55. Tannhæuser Venusberg (G. Hédiard 9).

Très belle épreuve sur papier teinté, signée.

56. Le Bouquet de roses (26).

Superbe épreuve, avec dédicace.

57. Évocation de Kundry (43).

Superbe épreuve du 1er état, signée.

58. Nuit de Printemps (47).

Superbe épreuve, signée.

59. **Parsifal et les filles fleurs (59).**

Superbe épreuve avec dédicace.

60. **A Eugène Delacroix (93).**

Superbe épreuve rehaussée par l'artiste, signée.

61. **L'Amour désarmé (98).**

Très belle épreuve, signée.

62. **Tentation de saint Antoine (110).**

Superbe épreuve du 1er état, signée.

63. **Ballet des Troyens (114).**

Superbe épreuve du 1er état, signée.

GAILLARD (F.)

64. **L'Homme à l'œillet, d'après Van Eyck (H. B. 25).**

Très belle épreuve d'essai avant la signature et avec des essais de burin dans la marge du bas; cachet de collection dans la marge du cuivre.

65. **Dom Guéranger (38).**

Très belle épreuve d'essai du 2e état, signée; cachet de collection dans la marge du cuivre.

66. **La même estampe.**

Très belle épreuve d'état sur chine; cachet de collection dans la marge du cuivre.

67. **Mgr Pie (40).**

Très belle épreuve d'un essai de la planche non terminée, sur chine, signée; cachet de collection dans la marge du cuivre.

68. **Sœur Rosalie (48).**

Très belle épreuve de remarque sur chine; cachet de collection dans la marge du cuivre.

HADEN (Seymour)

69. **Thames fishermen (Dr. 11).**

Superbe épreuve du 1er état, tirée en bistre : quelques légères piqûres dans les marges et frottis sur l'épreuve.

70. **Kensington gardens (12).**

Très belle épreuve.

71. **Mytton Hall (13).**

Très belle épreuve sur japon, signée : cachet de collection sur la marque du cuivre.

72. **Egham (14).**

Très belle épreuve du 1er état, légères piqûres.

73. **Egham lock (15).**

Très belle épreuve du 1er état sur japon.

74. **Sub tegmine (16).**

Très belle épreuve sur japon.

75. **Fulham (18).**

Superbe épreuve d'essai, avec les mots : Fulham on the Thames ; et avant la signature.

76. **On the Test (19).**

Très belle épreuve sur japon.

77. **Kensington gardens (larger plate) (26).**

Très belle épreuve sur chine collé.

78. **Sunset in Ireland (44).**

Superbe épreuve.

79. **Battersea reach (45).**

Belle épreuve du 1er état, tirée en partie avec cache.

80. **Newcastle in Emlyn (55).**

Très belle épreuve sur japon.

81. **Cardigan bridge (60).**

Très belle épreuve du 1er état.

82. **Thames Ditton, with a sail (64).**

Très belle épreuve d'essai avant que le bateau soit terminé.

83. **Brentford ferry (66).**

Très belle épreuve du 1er état, signée.

84. **The Towing path (67).**

Très belle épreuve d'essai, avec les mots : Hampton court, signée.

85. **La même estampe.**

Très belle épreuve du 1er état, signée.

86. **Kew side (73).**

Très belle épreuve sur japon.

87. **Sunset on the Thames (83).**

Très belle épreuve du 1er état sur japon.

88. **Horsley's cottages (90).**

Très belle épreuve.

89. **Twickenham church (95).**

Très belle épreuve.

90. **Mount's bay (114).**

Très belle épreuve signée.

91. **The three sisters (116).**

Très belle épreuve.

92. **The Inn, Purfleet (122).**

Très belle épreuve du 1er état, signée.

93. **Ye Compleat Angler** (149).

Très belle épreuve, signée.

94. **The Willows** (164).

Très belle épreuve, signée.

95. **Dusty Millers** (165).

Très belle épreuve sur japon, signée.

96. **The Terrace, Cintra** (173).

Très belle épreuve, signée.

HUARD (Ch.)

97. Partie de son œuvre : **Marines. Vues. Paysages. Sujets divers. Eaux-fortes originales.**

Cent quatre pièces, très belles épreuves d'artiste, signées.

ISABEY (E.)

98. **Le Retour au port** (H. B. 15).

Superbe épreuve avec croquis dans les marges (Collection Giacomelli).

JACQUE (Ch.)

99. **Un courlis mort** (J. Guiffrey 3). — **Joueur d'orgue** (21). — **Paysage** (28). — **Mendiant** (29), 2 ép. — **Mendiant** (31). — **Deux cochons** (42). — **Chien couché** (43). — **Champ de blé** (44). — **Anon** (45).

Dix pièces, très belles épreuves.

100. **Paysage** (47). — **Les Tueurs de cochons** (48). — **Paysage, hiver** (50). — **Paysanne** (57). — **Buveurs, d'après Ostade** (58). — **Joueur de guitare** (64). — **Paysage, hiver** (66). — **Puits** (71). — **Paysage** (73). — **Intérieur de ferme** : 1er état (74). — **Le Cavalier** (83).

Onze pièces, très belles épreuves.

101. **Paysage. Troupeau de porcs (85).**

Trois pièces, très belles épreuves, dont deux des 1er et 2e états, avec le cochon noir.

102. **Moulins, Montmartre (98). — Porcs couchés (102). — Paysage, chariot attelé de bœufs (103). — Paysage, Masures (105). — Le Buisson (106). — Paysage, hiver (107). — Scène de buveurs, d'après Ostade (109). — Charrue (111). — Moulins à Montmartre (118).**

Neuf pièces, très belles épreuves.

103. **Mendiant (119). — Buveur, d'après Ostade (121). — Lisière de bois (124). — Moulin (126). — Les Buveurs (129). — Moulins à Montmartre (134). — L'Attelage (148). — Laveuse (154).**

Huit pièces, très belles épreuves.

104. **La Bergerie (161).**

Superbe épreuve d'essai, signée; cachet de collection dans la marge du cuivre.

105. **La même estampe.**

Superbe épreuve, signée; cachet de collection dans la marge du cuivre.

106. **La Souricière (162). — Paysage, d'après Van der Neer (166). — La Petite forge (213). — Moine en prière (216), 2 états. — Buveurs (232).**

Six pièces, très belles épreuves.

107. **Planche d'ensemble (non décrite). — Une femme et des enfants (223), 3 épr. — Chiffonnier (224). — La Marchande de friture (228). — La Fruitière (229). — Moine en prière (230), 2 épr. — Buveurs (234), 2 épr. — Paysage (240), 2 épr. — Joueur de vielle (326).**

Quatorze pièces, très belles épreuves.

108. Paysage, chaumières (237). — La Nourrice (243), 2 épr. — Paysage. Chaumière (245). — Le Cavalier (248). 2 épr.

Six pièces, très belles épreuves.

109. Femme couchée (247), 2 épr. — Paysage, orage (249). — La forge (252). — Village au bord de l'eau (255), 2 épr. — Forge (256).

Sept pièces, très belles épreuves.

110. Auberge (257). — Auberge (258). — L'Abreuvoir (259). — Paysage, moulin (260). — Paysage, chevaux (261). — Paysage (262).

Six pièces, très belles épreuves.

111. Forge (263), 2 épr. — Fuite en Égypte (264), 3 épr.

Cinq pièces, très belles épreuves.

112. Écurie (265). — Le Moulin (266), 2 épr. — Paysage (267), 3 épr.

Six pièces, très belles épreuves.

113. Vaches à l'abreuvoir (268), 2 épr. — Buveurs (278). — Tête de buveur (279). — Tête de Breton (281). — Paysage; effet de nuit (282).

Six pièces, très belles épreuves.

114. Paysage et animaux (283). — Sujet mythologique (295). — Devant de maison (300). — Porte de ferme (311). — Cour de ferme (312).

Cinq pièces, très belles épreuves.

115. Intérieur de bergerie; en hauteur.

Très belle épreuve, signée.

116. Portrait, paysages, sujets divers.

Sept pièces, belles épreuves.

117. **Crépuscule. — Chasse au cerf. — Cour de ferme ; lithographies.**

Trois pièces, très belles épreuves.

118. **20 sujets composés et gravés à l'eau-forte par Ch. Jacque ; 1 vol.**

Couverture et vingt pièces, très belles épreuves sur chine.

119. **Recueil de dix-huit eaux-fortes ; 1 vol.**

Très belles épreuves.

120. **Recueil de douze eaux-fortes ; 1 vol.**

Très belles épreuves.

121. **Six sujets à l'eau-forte, par Ch. Jacque (141-147) ; 1 vol.**

Très belles épreuves, sur chine.

JACQUEMART (J.)

122. **Buste de Henri III, d'après le bronze de Germain Pilon (L. Gonse 15).**

Superbe épreuve avant toute lettre, avec dédicace (Collection Giacomelli).

123. **Minerve de Besançon (16).**

Très belle épreuve du 2e état, retouchée par l'artiste, signée (Collection Giacomelli).

124. **Bijoux du XVIe siècle. — Bijoux de la collection du prince Czartoryski (19-20).**

Quatre pièces très belles épreuves avant toute lettre.

125. **Miroir français du XVIe siècle (21).**

Très belle épreuve (Collection Giacomelli).

126. **La Canne de M. de Balzac (27).**

Deux très belles épreuves dont une avec dédicace (Collection Giacomelli).

127. **Le Soldat et la Fillette qui rit, d'après Van der Meer (268).**

Très belle épreuve, avec dédicace, cachet de collection dans la marge du cuivre.

128. Moïse d'après Michel-Ange (317). — Le Christ à la colonne; 2 épreuves avant la signature, l'autre avec les initiales (479). — La pivoine. — Vieille maison à Fécamp.

Cinq pièces, très belles épreuves d'artiste.

129. Études et compositions de fleurs; planches 5, 6, 7 (322, 323, 324).

Trois pièces très belles épreuves du 1er état avant les numéros et deux avec dédicace.

130. Triptyque allemand du XIIe siècle (3). — Planche pour le voyage à la Terre sainte de Bertrandon de la Roquière; épr. du 1er état.

Deux pièces, très belles épreuves d'artiste.

131. Armure. — Amphore et plateau. — Tasse et soucoupes. — Objets japonais.

Cinq pièces, très belles épreuves d'artiste.

LEFORT (H.)

132. Portrait de Tolstoï, lith. — Portrait, eau-forte.

Deux pièces, très belles épreuves, la première avec remarque sur chine, signée.

LEGROS (A.)

133. Portrait de Victor Hugo (P. Malassis et Thibaudeau, 12). — Portrait de A. Delâtre (19).

Deux pièces, très belles épreuves, signées; cachet de collection sur la marque de cuivre.

134. Portrait de Frédéric Régamey (22). — Le Grand Espagnol (28). — Paysan breton (29).

Trois pièces, très belles épreuves; cachet de collection sur la marque du cuivre.

135. La Petite Marie (30). — Tête de jeune fille (36).

Deux pièces, belles épreuves sur japon.

136. Portrait de Champfleury (35). — Portrait de Dalou. 1re pl. (40).

Deux pièces, très belles épreuves; pour la 1re, cachet de collection sur l'estampe.

137. Le Cardinal Manning (43).

Superbe épreuve du 2e état, signée: cachet de collection sur la marque du cuivre.

138. Procession dans les caveaux de Saint-Médard (48). — Le chœur d'une église espagnole (50).

Deux pièces, belles épreuves, cachet de collection sur la marque du cuivre.

139. Procession dans une église espagnole (49).

Superbe épreuve.

140. La Communion dans l'église Saint-Médard, 1er état (54). — Le Réfectoire (55). — Les Pestiférés de Rome (60).

Trois pièces, très belles épreuves: cachet de collection sur la marque du cuivre.

141. Le Lutrin, n° 2, 1er état (62). — Le Baptême (65). — Job (67).

Trois pièces, très belles épreuves, signées.

142. Le Manège (75). — La Charrue (81).

Deux pièces, très belles épreuves.

143. Le Mouton retrouvé (86).

Très belle épreuve du 1er état, signée; cachet de collection sur la marque du cuivre.

144. La Mort du vagabond (89).

Superbe épreuve avec dédicace, signée.

145. La Pêche à la truble (90).

Très belle épreuve, signée: cachet de collection dans la marge du cuivre.

146. Paysanne des environs de Boulogne (94). — La Tête du supplicié. — Le Livre des comptes; deux sujets sur la même feuille (118-119). — La vieille femme assise (120).

Trois pièces, très belles épreuves.

147. Les Bûcherons (95).

Superbe épreuve.

148. Le Paysage au rouleau (101).

Très belle épreuve sur chine volant; cachet de collection sur la marque du cuivre.

149. La Ferme au grand arbre (103).

Très belle épreuve.

150. La Pièce aux six sujets; lith. (112).

Très belle épreuve.

151. Le Cours de phrénologie, n° 2 (122).

Très belle épreuve, signée.

152. La Mort et le Bûcheron, n° 1 (141).

Très belle épreuve du 2e état, signée.

153. L'Incendie, n° 2 (144). — Saint Pierre et saint Paul à la porte du Bonhomme Misère (145). — Souvenirs des Funambules (147). — Esquisses à l'eau-forte; titre (160).

Quatre pièces, très belles épreuves: cachet de collection sur la marque de cuivre.

154. Tête d'homme (166).

Superbe épreuve, signée.

155. **Les Faiseurs de fagots** (182).

Très belle épreuve, signée.

156. **Les faiseurs de fagots; en contre-partie.**

Très belle épreuve.

157. **Les deux têtes** (184). — **Une tête seule, 2e état b.**

Deux pièces, très belles épreuves, signées.

158. **Le Pêcheur à la ligne** (191).

Très belle épreuve, signée; cachet de collection sur la marque du cuivre.

159. **Portrait de G. F. Watts** (198).

Superbe épreuve, du 1er état, avant la réduction du cuivre, signée.

160. **Sir Frederick Leighton, no 1** (201).

Très belle épreuve; cachet de collection dans la marge du cuivre.

161. **Portrait de l'artiste** (212).

Très belle épreuve, cachet de collection sur la marque du cuivre.

162. **Portrait de Mario Proth** (non décrit).

Très belle épreuve avec tailles dans la marge du bas, signée; cachet de collection sur la marque du cuivre.

163. **La Mort et le Bûcheron, no 4** (213).

Très belle épreuve, signée; cachet de collection sur la marque du cuivre.

164. **La Laitière, no 2** (216). — **Paysage de tourbières** (dans les marais) (220). — **Village de Wimille, près de Boulogne** (221).

Trois pièces, très belles épreuves, signées; cachet de collection sur la marque du cuivre.

165. **La Ferme du coteau** (222). — **Vieillard au repos** (230). — **L'âne renversé par la foudre** (233).

Trois pièces, très belles épreuves, signées; cachet de collection sur la marque du cuivre.

166. **Paysanne assise près d'une haie (241). — Bords de la Marne (270). — Intérieur d'église (275). — Dans la forêt de Fontainebleau (295).**

Quatre pièces, très belles épreuves, signées ; cachet de collection sur la marque du cuivre.

167. **L'entrée du champ (296). — L'abreuvoir (297).**

Deux pièces, très belles épreuves, signées ; cachet de collection sur la marque du cuivre.

168. **Lisière de bois (306). — Bords de la Venelle (308). — Coup de vent (312).**

Trois pièces, très belles épreuves, signées : cachet de collection sur la marque du cuivre.

169. **Le Paralytique (315). — Portrait de Hector Berlioz (331). — Le mur du presbytère (335).**

Trois pièces, très belles épreuves, signées ; cachet de collection sur la marque du cuivre.

170. **Le long de la rive (338). — Le pré ensoleillé (340).**

Deux pièces, très belles épreuves, signées ; cachet de collection sur la marque du cuivre.

171. **Dans les bois (341). — Le village abandonné (347).**

Deux pièces, très belles épreuves, signées ; cachet de collection sur la marque du cuivre.

172. **Près d'Amiens, les tourbières (358). — Le Gué (360).**

Deux pièces, très belles épreuves, signées.

173. **La Maison du charron (364). — Un Paysage (369). — L'Enfant prodigue (371). — A rustic scene (373).**

Quatre pièces, très belles épreuves, signées.

174. **Portrait de Lord Tennyson : litho (407). — Portrait du prof. Huxley, n° 2 ; litho (408).**

Deux pièces, très belles épreuves, signées.

175. Étude de tête d'homme; litho (409). — Étude de tête d'homme; litho (418).

Deux pièces, très belles épreuves, signées.

176. Étude de tête d'homme (421). — Femme assise; sans l'enfant (475).

Deux pièces, très belles épreuves, signées ; cachet de collection sur la marque du cuivre.

177. Paysage (481).

Très belle épreuve, signée; cachet de collection sur la marque du cuivre.

178. La Ferme de Brieux (effet d'orage) (484).

Très belle épreuve, signée: cachet de collection sur la marque du cuivre.

179. Portrait de Mme Kemp; litho (487). — Château des revenants (500). — Dans les ruines (501).

Trois pièces, très belles épreuves, signées : cachet de collection sur la marque du cuivre.

180. La Ferme de l'Abbaye (503). — Le Tonnelier (520). — L'Adoration des bergers (526).

Trois pièces, très belles épreuves, signées : cachet de collection sur la marque du cuivre.

181. Chailli (effet d'orage) (535). — Solitude (578).

Deux pièces, très belles épreuves, signées; cachet de collection sur la marque du cuivre.

182. Le Haut de la colline (581). — L'Arbre de salut (589).

Deux pièces, très belles épreuves, signées; cachet de collection sur la marque du cuivre.

183. Souvenir d'une vallée en Bourgogne (591). — Le Matin sur la rivière (593).

Deux pièces, très belles épreuves, signées; cachet de collection sur la marque du cuivre.

184. **La Vallée des dunes (594). — Pêcheurs de truites (595). — Les Tourbières (596).**

Trois pièces, très belles épreuves, signées : cachet de collection sur la marque du cuivre.

185. **Les Ramasseurs de champignons (597). — Le Départ pour la pêche, dans les brumes (598). — La Plaine près du lac (599).**

Trois pièces, très belles épreuves, signées ; cachet de collection sur la marque du cuivre.

186. **Les Arbres du bord de l'eau (600). — La Ferme sur la rivière (601). — Le Lavoir (602).**

Trois pièces, très belles épreuves, signées.

187. **Une Vallée en Bourgogne (603). — Au bord de l'eau (604).**

Deux pièces, très belles épreuves, signées.

188. **Le Retour à la ferme (605). — Bergerie sur le coteau (608).**

Deux pièces, très belles épreuves, signées.

189. **Retour des champs (612). — Le Petit hangar (614). — Triomphe de la Mort (la Mort balaie les vices) (618).**

Trois pièces, très belles épreuves, signées : cachet de collection sur la marque du cuivre.

190. **La Passerelle (620). — Repos au bord de la rivière (621). — Le Hameau près du lac (622).**

Trois pièces, très belles épreuves, signées ; cachet de collection sur la marque du cuivre.

191. **L'Homme au fourrage (624). — Un Coup de vent (626).**

Deux pièces, très belles épreuves, signées : cachet de collection sur la marque du cuivre.

192. **Paysage aux quatre arbres, avec un bûcheron.**

Deux très belles épreuves, dont une signée ; cachet de collection sur la marque du cuivre.

193. L'Orage.

Très belle épreuve, signée.

194. Le Petit pêcheur à la truble. — Vieux mendiant assis. — L'Approche de l'orage.

Trois pièces, très belles épreuves dont deux signées : cachet de collection sur la marque du cuivre.

195. Portrait de Rodin. — Portrait.

Deux pièces, très belles épreuves : cachet de collection sur la marque du cuivre.

196. Tête d'homme. — Homme en buste.

Deux pièces, très belles épreuves ; cachet de collection sur la marque du cuivre.

197. Marteau de porte. — Projet de fontaine. — Masques : etc.

Cinq pièces, très belles épreuves ; cachet de collection sur la marque du cuivre.

LEHEUTRE (G.)

198. Ruines des anciennes Tuileries. — Les Bateaux parisiens à Auteuil.

Deux pièces, très belles épreuves d'artiste, signées.

199. Place Saint-Aventure à Troyes. — Place des Jacobins à Troyes. — La chaumière en contre-bas à Troyes.

Trois pièces, très belles épreuves d'artiste, signées.

200. L'Écluse du Tréport. — La Maison du garde. — Le Canal à Troyes.

Trois pièces, très belles épreuves d'artiste, signées.

201. La Rue Daurat. — Les Bords de la Bresle. — Les Chaumes à Saint-André.

Trois pièces, très belles épreuves d'artiste, signées.

202. Pont de bois. — Les Tanneries à Montargis. — La Chaumière au bord de l'eau.

Trois pièces, très belles épreuves d'artiste, signées.

LEPÈRE (A.)

EAUX-FORTES

203. Le Remouleur (A. Lotz Brissonneau 5).

Très belle épreuve du 1er état, signée.

204. La même estampe.

Très belle épreuve avant la lettre sur japon, signée; cachet de collection sur la marque du cuivre.

205. Sur la Seine, la nuit (6).

Très belle épreuve du 2e état, signée

206. Les Toits de Saint-Séverin (9).

Très belle épreuve du 2e état, signée.

207. Dans le Ruisseau à Montmartre (10).

Très belle épreuve, signée.

208. Giboulées (11).

Très belle épreuve du 3e état, signée.

209. Marchandes de poissons, rue Pirouette (12).

Très belle épreuve du 1er état, signée: cachet de collection sur la marque du cuivre.

210. La même estampe.

Très belle épreuve du 2e état sur japon, signée, cachet de collection sur la marque du cuivre.

211. Nivellement de la Place Maubert (14).

Très belle épreuve du 1er état, signée.

212. **La même estampe.**

Très belle épreuve, signée; cachet de collection sur la marque du cuivre.

213. **En bateau-mouche (15).**

Très belle épreuve du 2e état, signée.

214. **La même estampe.**

Très belle épreuve du 3e état, sur japon, signée; cachet de collection sur la marque du cuivre.

215. **L'Appel des Balayeurs la nuit (16).**

Deux pièces des 2e et 3e états, très belles épreuves, signées.

216. **Combat contre la neige, quai aux Fleurs (17).**

Très belle épreuve du 1er état, signée; cachet de collection dans la marge du cuivre.

217. **Cardeuses de matelas au Pont Marie (20).**

Très belle épreuve du 1er état, signée; cachet de collection sur la marque du cuivre.

218. **Couverture pour la Petite série d'eaux-fortes : « Coins de Paris » (21).**

Quatre pièces dont une du 1er état, signées.

219. **Un 14 juillet, rue Galande; le mât de Cocagne (22).**

Très belle épreuve du 1er état, signée; cachet de collection sur la marque du cuivre.

220. **Le Lavoir (23).**

Très belle épreuve du premier état, signée; cachet de collection dans la marque du cuivre.

221. **Au Luxembourg (24).**

Très belle épreuve sur japon, signée.

222. **Embarcadaire, quai de Bercy (26).**

Très belle épreuve du 1er état, signée; cachet de collection dans la marge du cuivre.

223. **Flâneurs sur un banc (27).**

Très belle épreuve sur japon, signée.

224. **Retour de Greenwich, la nuit (31).**

Très belle épreuve du 2e état, signée.

225. **Retour de Greenwich, la nuit (32), petite planche.**

Très belle épreuve d'état, signée : cachet de collection dans la marge du cuivre.

226. **Embarcadère sur la Tamise (34).**

Très belle épreuve sur japon, signée.

227. **L'Hiver (38).**

Très belle épreuve du 1er état, signée.

228. **Chemin dans le Marais, Vendée (39).**

Très belle épreuve, signée : cachet de collection sur la marque du cuivre.

229. **Maisons de Pêcheurs, Saint-Jean-de-Mont (40).**

Très belle épreuve, signée : cachet de collection sur l'épreuve.

230. **Ramasseuses de pignons (41).**

Très belle épreuve sur japon, signée.

231. **Joueurs d'Aluette, Vendée (42).**

Très belle épreuve sur japon, signée.

232. **Sortie de l'École, Marais Vendéen (43).**

Très belle épreuve du 1er état, signée.

233. **Vieille Bourrine, Maison du Marais, Vendée (46).**

Très belle épreuve sur japon, signée : cachet de collection sur la marque du cuivre.

234. **Marché à la volaille, à Saint-Jean-de-Mont (47).**

Très belle épreuve du 1er état, signée : cachet de collection sur la marque du cuivre.

235. **Vue de Saint-Jean-de-Mont, Vendée (48).**

Très belle épreuve sur japon, signée; cachet de collection sur la marque du cuivre.

236. **Pêcheurs fuyant devant l'orage (49).**

Très belle épreuve du 1er état, signée.

237. **Sur la plage, Croquis, Essais de Morsures (51).**

Très belle épreuve, signée.

238. **On déchiffre (54).**

Très belle épreuve, signée.

239. **Coupeurs de bouts de cigares (56).**

Très belle épreuve du 1er état, signée.

240. **L'Abreuvoir au Pont Sully (58).**

Très belle épreuve du 1er état, signée; cachet de collection sur la marque du cuivre.

241. **Devant l'âtre (62).**

Très belle épreuve sur japon, signée; cachet de collection sur la marque du cuivre.

242. **La Leçon de Crochet (64).**

Très belle épreuve du 1er état, imprimée en sanguine, signée.

243. **Intérieur d'omnibus (65).**

Très belle épreuve, signée.

244. **Bourgeoises à la campagne, à Vauréal (66).**

Très belle épreuve sur japon, signée.

245. **Chemin creux à Vauréal, près Jouy-le-Moutier (67).**

Très belle épreuve, signée.

246. **Vallée de l'Oise, près Pontoise (70).**

Très belle épreuve, signée; cachet de collection sur la marque du cuivre.

247. **Mon Atelier à Jouy-le-Moutier (73).**

Très belle épreuve sur japon, signée.

248. **Sur les toits, près Notre-Dame (75).**

Très belle épreuve du 1er état, signée : cachet de collection sur la marque du cuivre.

249. **Le Marché aux pommes vu du Pont Louis-Philippe (76).**

Très belle épreuve du 1er état, signée : cachet de collection sur la marque du cuivre.

250. **Vue de Jouy-le-Moutier (77).**

Très belle épreuve, signée.

251. **Un Lundi, Porte des Prés Saint-Gervais (78).**

Très belle épreuve du 1er état, signée.

252. **Paris, Été (82).**

Très belle épreuve, signée.

253. **Route de Billancourt (87).**

Très belle épreuve, signée ; cachet de collection sur la marque du cuivre.

254. **Station d'omnibus à Vaugirard (89).**

Très belle épreuve, signée.

255. **Sous le Pont de Bercy (90).**

Très belle épreuve, signée : cachet de collection sur la marque du cuivre.

256. **Les Laveuses (91).**

Très belle épreuve du 1er état en couleurs, signée.

257. **La Maison neuve (92).**

Très belle épreuve, sur japon, signée : cachet de collection sur la marque du cuivre.

258. **Le Débardeur quai de la Gare (93).**

Très belle épreuve du 1er état, signée.

259. **A Saint-Cloud (98).**

Très belle épreuve, signée.

260. **La Cité vue du Pont des Arts (99).**

Très belle épreuve du 1er état, signée.

261. **L'Écluse de la Monnaie (100).**

Très belle épreuve, signée.

262. **Cité des Chiffonniers (102).**

Trois pièces, très belles épreuves, dont une sur japon, signées; cachet de collection sur la marque du cuivre.

263. **Le Pont des Arts (103).**

Très belle épreuve sur japon, signée.

264. **Travaux pour le nouveau champ de manœuvre à Issy (104).**

Très belle épreuve, signée; cachet de collection sur la marque du cuivre.

265. **Colloque sentimental de Paul Verlaine (107).**

Deux pièces, très belles épreuves dont une du 1er état; signées.

266. **Carrières d'Amérique, près Paris (108).**

Très belle épreuve du 1er état sur japon, signée.

267. **Aux fortifications: Porte de Versailles (110).**

Très belle épreuve sur japon, signée.

268. **Le Passeur (112).**

Très belle épreuve du 1er état sur japon, signée; cachet de collection sur la marque du cuivre.

269. **Zwanen Burgwal, Amsterdam (marché à la ferraille le matin) (118).**

Très belle épreuve du 1er état sur japon, signée.

270. **Une rue du quartier juif à Amsterdam (119).**

Très belle épreuve du 1er état, signée; cachet de collection sur la marque du cuivre.

271. **Haarlem (121).**

Très belle épreuve, sur japon, signée; cachet de collection sur la marge du cuivre.

272. **Le Pont-Neuf (124).**

Très belle épreuve du 1er état sur japon.

273. **Série de 12 eaux-fortes pour « La Bièvre et Saint-Séverin » (126 *bis*).**

Suite complète en épreuves du 1er état sur papier ancien, signées.

274. **La même suite.**

Épreuves du 2e état, signées.

275. **L'Abreuvoir au Pont-Marie (128).**

Très belle épreuve du 1er état sur japon, signée : cachet de collection dans la marge du cuivre.

276. **L'Abreuvoir au Pont-Marie (129).**

Très belle épreuve du 1er état signée: cachet de collection dans la marge du cuivre.

277. **Un enterrement dans le Marais Vendéen (126).**

Très belle épreuve du 1er état, signée; cachet de collection sur l'épreuve.

278. **Printemps (130).**

Très belle épreuve du 1er état, signée: cachet de collection sur la marque du cuivre.

279. **Vieilles chaumières à Apremont (131).**

Très belle épreuve, signée: cachet de collection sur la marque du cuivre.

280. **Une ruelle au pied de la cathédrale de Beauvais (131 *ter*).**

Très belle épreuve du 1er état sur papier ancien ; signée.

BOIS

** Ces pièces en partie épreuves de " fumés " portent pour la plupart l'empreinte du cachet de collection sur le bois même.*

281. **La Rue de la Montagne Sainte-Geneviève** (146).

Très belle épreuve, *signée.*

282. **La Seine au Pont d'Austerlitz** (147).

Très belle épreuve, signée.

283. **Frontispice de « Rouen Illustré »** (166).

Très belle épreuve, signée.

284. **Quartier des Gobelins** (202).

Très belle épreuve, signée.

285. **Le Palais de Justice, vu du Pont Notre-Dame** (203).

Très belle épreuve en couleurs, signée.

286. **Le Boulevard Montmartre, le soir** (209).

Très belle épreuve, signée.

287. **L'Avenue des Champs-Élysées** (210).

Très belle épreuve, signée.

288. **Les Déchargeurs de plâtre.**

Très belle épreuve, signée.

289. **Le Stryge de Notre-Dame** (212).

Très belle épreuve, signée.

290. **Embarcadère à Bercy** (213).

Très belle épreuve, signée.

291. **Paris, vu du Pavillon de Flore** (214).

Très belle épreuve, signée.

292. Le Louvre, vu du Pont-Neuf (215).

Très belle épreuve, signée.

293. La Montagne Sainte-Geneviève, vue de l'Estacade (216).

Très belle épreuve, signée.

294. Le Point du Jour (219).

Très belle épreuve, signée.

295. Le Marché aux pommes, vu du Pont Louis-Philippe (222).

Très belle épreuve, signée.

296. L'Écluse du canal Saint-Martin (223).

Très belle épreuve, signée.

297. Coin de la rue Royale (224).

Très belle épreuve, signée.

298. Place de l'Opéra (225).

Très belle épreuve, signée.

299. Les Boulevards, près de la Porte Saint-Denis (227).

Très belle épreuve, signée.

300. Le Pont Saint-Michel (229).

Très belle épreuve, signée.

301. Parisiennes sensations (243).

Cinq pièces, très belles épreuves, dont deux en épreuves d'état ; signées.

302. Pêcheurs de crevettes (245).

Très belle épreuve du 1er état, sur japon, signée.

303. Soir (248).

Très belle épreuve, sur japon, signée.

304. Repos (249).

Très belle épreuve du 1er état, sur japon, signée.

305. Le Bain, Été (255).

Très belle épreuve du 2e état, sur japon, signée.

306. L'Archet (262).

Très belle épreuve d'état, signée.

307. L'Abreuvoir derrière Notre-Dame (264).

Très belle épreuve, sur japon, signée.

308. Le Bassin des Tuileries (265).

Très belle épreuve, en couleurs, signée.

309. La Procession de la Fête-Dieu à Nantes (272).

Très belle épreuve du 3e état, en noir, signée.

310. La même estampe.

Très belle épreuve du tirage définitif, en couleurs, signée.

311. Le Braconnier (273).

Très belle épreuve en couleurs, signée.

312. Les Lames déferlent, marée de septembre 1901 (274).

Très belle épreuve en couleurs, signée.

313. Les Pêcheuses de Pignons (294).

Très belle épreuve sur japon du 1er état, signée.

314. La Halte (296).

Très belle épreuve du 1er état, sur japon, signée.

315. Les Mendiants à la dernière maison (297).

Très belle épreuve du 1er état, signée.

316. Les Marins de la « Jeannette » dans les glaces du Pôle Nord, d'après de Haenen.

Très belle épreuve, signée.

317. **L'Œuvre gravé sur bois de A. Lepère : publication de A. Desmoulins.**

Première série comprenant :
Dix-sept pièces de la « Revue Illustrée » :
Dix pièces du « Monde Illustré » ;
Ensemble vingt-sept pièces, fumés sur papier pelure, tirage à 35 exemplaires, signés et numérotés.

LITHOGRAPHIES

318. Autour de la lampe (298).

Très belle épreuve, signée.

319. Le Perruquier des Débardeurs (300).

Très belle épreuve du 1er état, sur chine.

320. L'Ile Saint-Louis, les Lavoirs au Pont Marie (305).

Très belle épreuve du 1er état, signée.

321. L'Homme à l'Échiquier (307).

Très belle épreuve, signée.

322. L'Ile de Grenelle ou Ile des Cygnes (308).

Très belle épreuve sur chine, signée.

323. La Source (311).

Très belle épreuve du 1er état, sur chine, signée.

324. Un coin du Pont au Double (71), eau-forte. — La Seine et l'Institut vus du Pont des Sts-Pères. — Cinq paysages, Auvergne ; sur une même feuille, bois.

Trois pièces, très belles épreuves, signées.

MEISSONIER (E.)

325. Le Grand fumeur (H. B. 13).

Superbe épreuve, sur chine.

326. **Les Pêcheurs à la ligne (20).**

Très belle épreuve sur japon.

327. **Le Sergent; remarque pour la planche « Le portrait du Sergent » (28).**

Très belle épreuve sur japon, signée et avec dédicace.

MÉRYON (Ch.)

328. **Entrée du Faubourg St-Marceau à Paris (Loys Delteil 10. Wedmore 69).**

Très belle épreuve.

329. **Le Stryge (L. D. 23, W. 7).**

Superbe épreuve avec les vers sur papier verdâtre, cachet de collection sur la marque du cuivre.

330. **Le Petit Pont (L. D. 24, W. 8).**

Superbe épreuve sur japon avant le C. M., avec dédicace manuscrite de Méryon à M. S.; cachet de collection sur la marque du cuivre.

331. **La même estampe.**

Superbe épreuve sur papier verdâtre avec le C. M.: cachet de collection dans la marge du cuivre.

332. **La même estampe.**

Superbe épreuve sur japon avec le C. M.: cachet de collection dans la marge du cuivre. Inscription à l'encre dans la marge du bas.

333. **L'Arche du Pont Notre-Dame (L. D. 25: W. 9).**

Superbe épreuve sur papier verdâtre: cachet de collection dans la marge du cuivre.

334. **La Galerie Notre-Dame (L. D. 26, W. 10).**

Très belle épreuve avant la lettre sur papier ancien: cachet de collection sur la marque du cuivre.

335. La Rue des Mauvais-Garçons. (L. D. 27: W. 11).

Superbe épreuve sur papier bleuâtre; cachet de collection sur la marque du cuivre.

336. La Tour de l'Horloge (L. D. 28, W. 12).

Superbe épreuve sur japon, avant le C. M.; cachet de collection dans la marge du cuivre.

337. La même estampe.

Superbe épreuve avec le C. M. mais avant le trait carré, sur papier verdâtre; cachet de collection dans la marge du cuivre.

338. Tourelle de la rue de la Tixéranderie (L. D. 29, W. 13).

Superbe épreuve, avant le C. M.; épreuve d'essai sur japon, de toute rareté; cachet de collection sur la marque du cuivre.

339. La même estampe.

Superbe épreuve, avec le C. M. sur papier verdâtre.

340. Saint-Étienne du Mont (L. D. 30, W. 14).

Superbe épreuve avant le C. M., sur japon.

341. La même estampe.

Très belle épreuve sur chine avec les bras de l'homme réunis.

342. La même estampe.

Très belle épreuve avec les bras de l'homme à moitié effacés.

343. La même estampe.

Belle épreuve, les bras de l'homme écartés.

344. La Pompe Notre-Dame (L. D. 31, W. 15).

Superbe épreuve sur papier verdâtre.

345. La même estampe.

Très belle épreuve sur chine.

346. **Le Pont Neuf** (L. D. 33, W. 17).

Superbe épreuve, avant les vers, sur papier verdâtre; cachet de collection sur la marque du cuivre.

347. **Le Pont au Change** (L. D. 34, W. 18).

Superbe et rare épreuve d'essai, avant le fond, le ciel et le ballon, sur papier verdâtre.

348. **La même estampe.**

Très belle épreuve avec le nom, la date et l'adresse sur papier ancien; cachet de collection dans la marge du cuivre.

349. **La Morgue** (L. D. 36, W. 20).

Magnifique épreuve avec le nom, la date et l'adresse sur papier ancien; cachet de collection sur la marque du cuivre.

350. **L'Abside de Notre-Dame de Paris** (L. D. 38, W. 22).

Superbe épreuve avec le nom, la date et l'adresse, sur papier ancien, cachet de collection sur la marque du cuivre.

351. **Tourelle rue de l'École de Médecine** (L. D. 41, W. 24).

Très belle épreuve du 1er état.

352. **Bain froid Chevrier** (L. D. 44, W. 27).

Très belle épreuve avant toute lettre et avant le monogramme.

353. **Le Pont Neuf et la Samaritaine de dessous la 1re arche du Pont au Change** (L. D. 46, W. 29).

Très belle épreuve avant toute lettre: cachet de collection dans la marge du cuivre.

354. **La Salle des Pas-Perdus à l'Ancien Palais de Justice, d'après Ducerceau** (L. D. 48, W. 76).

Très belle épreuve.

355. **Partie de la Cité vers la fin du XVIIe siècle** (L. D. 51, W. 31).

Très belle épreuve, avec le ciel terminé, mais avant l'inscription sur la pancarte; cachet de collection dans la marge du cuivre.

356. L'Ancien Louvre, d'après Zeeman (L. D. 53, W. 60).

Très belle épreuve du 1er état avec la mention manuscrite : épreuve naturelle 27 août 65 (C. M.); cachet de collection dans la marge du cuivre.

357. Rue des Toiles, à Bourges (L. D. 55, W. 35).

Superbe épreuve, avec la date sur la cheminée et avec titre manuscrit par Meryon, sur papier verdâtre : cachet de collection sur la marque du cuivre.

358. Ruines du château de Pierrefonds (L. D. 59, W. 81).

Superbe et très rare épreuve du 1er état.

359. Entrée du couvent des Capucins à Athènes (L. D. 61, W. 32).

Très belle épreuve : cachet de collection sur la marque du cuivre.

360. Titre de la suite de la Nouvelle-Zélande (L. D. 63, W. 46).

Épreuve d'essai, eau-forte pure.

361. État de la petite colonie française d'Akaroa (L. D. 71, W. 43).

Très belle épreuve du 4e état : cachet de collection sur la marque du cuivre.

362. Prò volant des Iles Mulgraves (L. D. 74, W. 45).

Très belle épreuve du 2e état avec dédicace : cachet de collection dans la marge du cuivre.

MILLET (J. F.)

363. Femme étendant du linge (Loys Delteil 2). — Moutons paissant (5).

Deux pièces, superbes épreuves, la première sur papier ancien (Collection Giacomelli).

364. L'Homme appuyé sur sa bêche (3).

Très belle épreuve (Collon Giacomelli).

365. **Les deux vaches (4).**

Superbe épreuve sur papier ancien (Coll[on] Giacomelli).

366. **Planche à la tricoteuse (6). — Ramasseur de varech (8).**

Deux pièces, superbes épreuves sur papier ancien (Coll[on] Giacomelli).

367. **La Tricoteuse (7).**

Superbe épreuve; une des deux épreuves connues (Coll[on] Giacomelli).

368. **La Couseuse (9).**

Superbe épreuve du 2e état, sur papier ancien (Coll[on] Giacomelli).

369. **La même estampe.**

Très belle épreuve.

370. **La Baratteuse (10).**

Superbe épreuve du 2e état, sur papier ancien (Coll[on] Giacomelli); cachet de collection sur la marque du cuivre.

371. **La même estampe.**

Très belle épreuve du 3e état.

372. **Paysan rentrant du fumier (11).**

Superbe épreuve du 1er état, sur papier ancien (Coll[on] Giacomelli).

373. **Les Glaneuses (12).**

Superbe épreuve du 1er état, sur papier ancien, légères piqûres (Coll[on] Giacomelli); cachet de collection sur la marque du cuivre.

374. **Les Bêcheurs (13).**

Superbe épreuve du 1er état, sur chine, quelques piqûres (Coll[on] Giacomelli).

375. **La Veillée (14).**

Superbe épreuve du 1er état, sur papier ancien (Coll[on] Giacomelli).

376. **La Cardeuse (15).**

Superbe épreuve sur papier ancien (Coll^{on} Giacomelli).

377. **La Gardeuse d'oies (16).**

Superbe épreuve sur japon (Coll^{on} Giacomelli).

378. **La Bouillie (17).**

Épreuve d'essai, probablement avant les croquis: cachet de collection dans la marge du cuivre.

379. **La même estampe.**

Superbe épreuve du 2e état (Coll^{on} Giacomelli): cachet de collection dans la marge du cuivre.

380. **La Grande bergère (18).**

Superbe épreuve du 1er état, avec une inscription manuscrite d'Aug. Delâtre (Coll^{on} Giacomelli): cachet de collection sur la marque du cuivre.

381. **Le Départ pour le travail (19).**

Superbe épreuve du 2e état sur chine volant (Coll^{on} Giacomelli): cachet de collection dans la marque du cuivre.

382. **La même estampe.**

Très belle épreuve du même état: cachet de collection dans la marque du cuivre, légères piqûres dans la marge du haut.

383. **La Fileuse (20).**

Superbe épreuve du 1er état, sur papier ancien, signée.

384. **La même estampe.**

Superbe épreuve du même état (Coll^{on} Giacomelli).

385. **Les Deux vaches (4). — Bêcheur au travail (31). — Femme vidant un seau (32). — La Grande bergère assise (33).**

Quatre épreuves d'essai dont 2 avant la signature gravée. Ces pièces ont été tirées à la campagne par Millet lui-même sans l'emploi de presse; de toute rareté.

386. Où donc est-il? (21), lithographie.

Épreuve complète avec la musique, de toute rareté.

387. Le Semeur (22), lithographie.

Superbe épreuve du 1er état, avec des salissures dans les marges (Collon Giacomelli) : cachet de collection dans la marge.

388. Olivier de Serres (23) : lithographie.

Très belle épreuve sur chine (Collon Giacomelli) : cachet de collection dans la marge.

389. La Précaution maternelle (27), héliographie sur verre.

Très belle épreuve (Collon Giacomelli) : cachet de collection en partie sur l'épreuve.

390. Femme vidant un seau (28), héliogravure sur verre.

Très belle épreuve (Collon Giacomelli) : cachet de collection sur l'épreuve.

391. Bêcheur au travail (31). — Bêcheur au repos (34) : bois.

Deux pièces, très belles épreuves (Collon Giacomelli).

392. Femme vidant un seau (32) : bois.

Très belle épreuve sur japon (Collon Giacomelli).

393. La même estampe.

Très belle épreuve d'essai, sans le fond : cachet de collection sur l'estampe.

394. La Grande bergère assise (33) : bois.

Superbe épreuve sur japon : légères piqûres (Collon Giacomelli).

RAFFET

395. Retraite du Bataillon sacré à Waterloo (Giacomelli 80).

Très belle épreuve, sur chine, quelques piqûres.

396. Combat d'Oued-Alleg (82).

Superbe épreuve sur chine, 1er tirage : cachet de collection dans la marge.

397. **La même estampe.**

Très belle épreuve.

398. **Le Réveil (85).**

Très belle épreuve, sur chine: cachet de collection dans la marge.

399. **Napoléon en Égypte (119).**

Superbe épreuve, avant toute inscription: cachet de collection sur l'estampe.

400. **Feuille de croquis (180), lavis.**

Très belle épreuve.

401. **Italie. 1796 (410). — Prise de la lunette Saint-Laurent (521).**

Deux pièces, très belles épreuves; cachet de collection dans la marge.

402. **La Revue nocturne (429).**

Très belle épreuve, encadrée de vers manuscrits d'Alexandre Dumas.

403. **Retraite de Constantine (538). — Marche sur Constantine (541). — Charge des chasseurs d'Afrique sur les Arabes (542).**

Trois pièces, très belles épreuves; cachet de collection en partie sur l'épreuve.

RODIN (A.)

404. **Les Amours conduisant le monde (R. Marx 1).**

Très belle épreuve, sur chine, signée.

405. **Buste de Bellone (3). — Portrait d'Henry Becque (8).**

Deux pièces, belles épreuves, dont une signée.

406. **Victor Hugo, de face (7).**

Très belle épreuve avant la réduction du cuivre; cachet de collection dans la marge du cuivre.

TISSOT (J.)

407. **Le Chapeau Rubens (H. B. 2).**

Très belle épreuve, signée.

408. **La Frileuse (19).**

Superbe épreuve, bon à tirer, sur japon.

409. **Mavourneen (24).**

Superbe épreuve sur papier ancien, signée.

410. **Histoire ennuyeuse (25).**

Superbe épreuve sur japon, signée.

411. **Dimanche matin (63).**

Superbe épreuve sur papier ancien, signée.

412. **Frontispice (6). — Le Crocket (29).**

Deux pièces, très belles épreuves, signées.

413. **La Sœur aînée (44). — Le Journal (64).**

Deux pièces, très belles épreuves, la seconde épreuve du bon à tirer.

WALTNER (Ch.)

414. **La Comtesse de Barck, d'après H. Regnault (HB. 47).**

Très belle épreuve, avec dédicace, sur japon.

WHISTLER (J. M. N.)

EAUX-FORTES

415. **Liverdun (F. Wedmore 4).**

Très belle épreuve.

416. **La Rétameuse (5).**

Très belle épreuve.

417. **Unsafe Tenement** (7).

Très belle épreuve, sur papier pelure.

418. **La mère Gérard** (9).

Très belle épreuve.

419. **Street at Saverne** (11).

Très belle épreuve avec l'adresse de Delâtre.

420. **La vieille aux loques** (14).

Superbe et très rare épreuve, avant l'adresse de Delâtre.

421. **Annie** (15).

Très belle épreuve du 2e état.

422. **Rag gatherers** (17).

Très belle épreuve, sur papier pelure.

423. **Title to the French set** (20).

Très belle épreuve.

424. **Reading by lamp light** (25).

Superbe épreuve du 1er état avant de nombreux travaux, la tasse et la soucoupe presque blanches.

425. **La même estampe.**

Très belle épreuve du 2e état.

426. **The Music room** (26).

Superbe épreuve du 1er état.

427. **Greenwich pensioner** (32).

Très belle épreuve, sur japon.

428. **Greenwich park** (33).

Très belle épreuve du 1er état.

429. **La même estampe.**

Très belle épreuve du 2e état.

430. **Nursemaid & Child (34).**

Très belle épreuve du 1er état.

431. **Thames warehouses (35).**

Très belle épreuve ; cachet de collection sur la marque du cuivre.

432. **La même estampe.**

Belle épreuve.

433. **Westminster bridge (36).**

Très belle épreuve sur papier ancien.

434. **Limehouse (37).**

Très belle épreuve.

435. **Tysac Whiteley & Co (Eagle Wharf) (39).**

Très belle épreuve, sur papier pelure.

436. **The pool (41).**

Très belle épreuve.

437. **The Lime-Burner (44).**

Très belle épreuve.

438. **Billingsgate (45).**

Très belle épreuve sur japon.

439. **The Landscape with the horse (46).**

Très belle épreuve, cachet de collection sur la marque du cuivre.

440. **Vénus (56).**

Superbe épreuve avant quelques travaux dans le fond.

441. **Rotherhithe (60).**

Superbe épreuve.

442. La Forge (63).

Très belle épreuve.

443. Old Hungerford bridge (80).

Très belle épreuve.

444. Florence Leyland (96).

Belle épreuve, cachet de collection sur l'estampe.

445. Tatting (98).

Très belle épreuve, sur japon.

446. Two ships (116).

Très belle épreuve.

447. The Little Putney (146).

Très belle épreuve.

448. Hurlingham (147).

Très belle épreuve, signée

449. Little Venice (149).

Très belle épreuve, signée.

450. The little mast (151).

Très belle épreuve, signée.

451. The Piazetta (155).

Très belle épreuve, signée.

452. The Riva (157).

Très belle épreuve, deux cachets de collection sur l'estampe, signée.

453. The Mast (160).

Très belle épreuve, signée.

454. **Doorway and vine (161).**

Superbe épreuve, cachet de collection sur l'estampe signée.

455. **San Biagio (163).**

Très belle épreuve, signée.

456. **Nocturne palaces (168).**

Superbe épreuve du 1er état avant le monogramme gravé, signée.

457. **Temple (170).**

Très belle épreuve, cachet de collection sur l'estampe, signée.

458. **Upright Venice (172).**

Très belle épreuve, signée.

459. **Lobster pots (174).**

Très belle épreuve, cachet de collection sur l'estampe, signée.

460. **Drury Lane (176).**

Très belle épreuve, signée.

461. **The Balcony (177).**

Très belle épreuve, signée.

462. **Fishing boat (178).**

Superbe épreuve, cachet de collection sur l'estampe, signée.

463. **Long Venice (182).**

Très belle épreuve, cachet de collection sur l'estampe, signée.

464. **Salute dawn (185).**

Très belle épreuve, cachet de collection sur l'estampe, signée.

465. **Lagoon : Noon (186).**

Très belle épreuve, signée.

466. **Fish shop (188).**

Superbe épreuve : cachet de collection sur l'estampe, signée.

467. **Sketch on the Embankment (211).**

Très belle épreuve.

468. **Clothes exchange (231).**

Très belle épreuve : cachet de collection sur l'estampe, signée.

469. **The Church, Brussels (249).**

Très belle épreuve : double cachet de collection sur l'estampe, signée.

470. **Tilbury (276).**

Très belle épreuve : cachet de collection sur l'estampe, signée.

471. **A la porte du cabaret.**

Très belle épreuve ; cachet de collection sur l'estampe.

LITHOGRAPHIES

472. **Femme assise dans un fauteuil (R. Way, 3).**

Très belle épreuve ; cachet de collection sur l'estampe.

473. **Limehouse (4).**

Très belle épreuve.

474. **Nocturne (The river at Battersea) (5).**

Très belle épreuve, sur papier teinté.

475. **Étude de femme (15).**

Très belle épreuve.

476. La Dame paresseuse (62).

Très belle épreuve.

477. The duet (n° 2) (65).

Très belle épreuve.

478. Afternoon tea (147).

Très belle épreuve, sur japon.

479. Le Cordonnier (151).

Très belle épreuve.

480. Femme assise dans un fauteuil, à la robe noire.

Très belle épreuve.

ZORN (A.)

481. Jeune femme souriant (non décrit).

Très belle épreuve, signée.

482. Les Deux sœurs (F. de Sch. 2).

Très belle épreuve, signée.

483. Les Deux cousines (5).

Très belle épreuve, signée.

484. Hägg (9).

Très belle épreuve signée, tirée en bistre sur japon, cachet de collection sur la marque du cuivre.

485. Antonin Proust (20).

Très belle épreuve du 1er état, signée.

486. La même estampe.

Très belle épreuve du 2e état, signée.

487. La même estampe.

Très belle épreuve, signée.

488. **Rosita Mauri (21).**

Superbe épreuve du 1er état avec salissures dans les marges, signée.

489. **Après le bain (non décrit).**

Superbe épreuve, d'une pièce tirée à quelques épreuves seulement; sur japon, signée.

490. **La Grande brasserie (24).**

Très belle épreuve, sur japon, signée.

491. **Zorn et sa femme (26).**

Très belle épreuve, signée.

492. **Baigneuses (28).**

Très belle épreuve, sur japon, signée.

493. **Mme Dayot (31).**

Très belle épreuve, sur japon, signée.

494. **Faure à l'orgue (35).**

Très belle épreuve, signée.

495. **Les Pêcheurs (36).**

Très belle épreuve, signée.

496. **La Valse (37).**

Très belle épreuve, signée.

497. **Max Liebermann (38).**

Très belle épreuve du 1er état, signée.

498. **La même estampe.**

Très belle épreuve du 2e état, signée.

499. **Toilette du matin (43).**

Très belle épreuve, signée.

500. **La Dame à la cigarette (44).**

Superbe épreuve, avec dédicace, signée.

501. **L'Orage (45).**

Très belle épreuve, signée.

502. **Le Réveil (46).**

Très belle épreuve, signée.

503. **Mme Simon (47).**

Superbe épreuve, signée.

504. **La même estampe.**

Très belle épreuve, signée.

505. **L'Omnibus (51).**

Très belle épreuve, signée.

506. **La même estampe.**

Très belle épreuve, signée.

507. **La même estampe.**

Très belle épreuve, signée.

508. **Ernest Renan (52).**

Superbe épreuve du 1er état, sur japon, signée.

509. **La même estampe.**

Très belle épreuve du 2e état, signée.

510. **La même estampe.**

Très belle épreuve, signée.

511. **Comte de Rosen (56).**

Très belle épreuve, signée; cachet de collection dans la marge du cuivre.

512. **La Lecture (57).**

Très belle épreuve, signée.

513. Le Toast (58).

Très belle épreuve, signée ; cachet de collection dans la marge du cuivre.

514. M. Marquand (59).

Très belle épreuve, signée.

515. Irlandaise (61).

Très belle épreuve, signée.

516. Dimanche matin (62).

Très belle épreuve, signée.

517. La Vénus de Montmartre (63).

Très belle épreuve, signée.

518. La même estampe.

Très belle épreuve, signée.

519. La Baignade (67).

Très belle épreuve, signée.

520. Mon modèle et mon bateau (68).

Très belle épreuve, signée.

521. Mme Armour (69).

Très belle épreuve, signée.

522. Paul Verlaine (70).

Très belle épreuve du 1er état, signée.

523. Paul Verlaine (71). 2e planche.

Très belle épreuve, signée.

524. La Guitare. accroupie (72).

Très belle épreuve, signée.

525. La même estampe.

Très belle épreuve, signée.

526. **M. et Mme Furstenberg** (74).

Très belle épreuve, signée.

527. **Besnard et son modèle** (78).

Très belle épreuve, signée.

528. **Gerda Hagborg** (79).

Très belle épreuve, signée.

529. **Mme Potter Palmer** (80).

Très belle épreuve, signée.

530. **Effet de nuit à Paris** (83).

Très belle épreuve, signée.

531. **Mme Nagel** (84).

Très belle épreuve, signée.

532. **Saint-Gaudens et son modèle** (85).

Très belle épreuve, signée.

533. **Saint-Gaudens** (86).

Très belle épreuve, signée.

534. **M. S. Loeb** (87).

Très belle épreuve, signée.

535. **M. Bacon** (88).

Très belle épreuve, signée.

536. **Karl Larson** (92).

Très belle épreuve, signée.

537. **La Ballade** (97).

Très belle épreuve, signée.

538. **Jeune fille de Rättvick** (98).

Très belle épreuve, signée.

539. **Le roi Oscar de Suède (102).**

Très belle épreuve, signée.

540. **Étude de modèle (105).**

Très belle épreuve, signée.

541. **Le Billard (108).**

Très belle épreuve, signée.

542. **Miss Maud Cassel (109).**

Très belle épreuve, signée.

543. **Effet de nuit (112); petite planche.**

Très belle épreuve, signée.

544. **M. Cleveland (113).**

Très belle épreuve, signée.

545. **Sur l'Atlantique (116).**

Très belle épreuve, signée.

546. **Zorn et son modèle (119).**

Très belle épreuve, signée.

547. **Maja (120).**

Très belle épreuve, signée.

548. **La même estampe.**

Très belle épreuve, tirée en bistre, signée.

549. **La Mère (Madone) (121).**

Très belle épreuve, signée.

550. **Margit (122).**

Très belle épreuve, signée.

551. **P^cesse Ingeborg (124); 2e planche.**

Très belle épreuve, signée.

552. La même estampe.

Très belle épreuve, signée.

553. Mme Runeberg (125).

Très belle épreuve, signée.

554. Joueuse de guitare, assise (126).

Très belle épreuve, signée.

555. La même estampe.

Très belle épreuve, signée.

556. Colonel Lamont, en pied (128).

Très belle épreuve, signée.

557. B. Mason (129).

Très belle épreuve, signée.

558. Au piano (130).

Très belle épreuve, signée.

559. Mrs Cotton (132).

Très belle épreuve, signée.

560. Négresse assise (133).

Très belle épreuve, signée.

561. La même estampe.

Très belle épreuve, signée.

562. La même estampe.

Très belle épreuve, signée.

563. La même estampe.

Très belle épreuve, tirée en bistre, signée.

564. Négresse debout (135).

Très belle épreuve, signée.

565. **La même estampe.**

Très belle épreuve, tirée en bistre, signée.

566. **Baltimore** (136).

Très belle épreuve, signée.

567. **Margit nue** (137).

Très belle épreuve, signée.

568. **Woman tenderfoot** (138).

Très belle épreuve, signée.

569. **La Nouvelle chanson** (140).

Très belle épreuve, signée.

570. **Anna** (141).

Très belle épreuve, signée.

571. **Mme Granberg** (142).

Très belle épreuve, signée.

572. **Devant le poêle** (143).

Très belle épreuve, signée.

573. **Nanette** (144).

Très belle épreuve, signée.

574. **La même estampe.**

Très belle épreuve, signée.

575. **Les deux femmes près du lit** (145).

Très belle épreuve, signée.

576. **La même estampe.**

Très belle épreuve, signée.

577. **La même estampe.**

Très belle épreuve, signée.

578. **La même estampe.**

Très belle épreuve, tirée en bistre, signée.

579. **Olandine (146).**

Très belle épreuve, signée.

580. **La même estampe.**

Très belle épreuve, tirée en bistre, signée.

581. **Colonel Lamont, en buste (148).**

Très belle épreuve, signée.

582. **John Hay (149).**

Très belle épreuve, signée.

583. **Rassmussen (153).**

Très belle épreuve, signée.

584. **La même estampe.**

Très belle épreuve, signée.

585. **Mrs Kip (154).**

Très belle épreuve, signée.

586. **Portrait de Zorn (155).**

Très belle épreuve, signée.

587. **Violoniste de village.**

Très belle épreuve, signée.

588. **Betty Nansen.**

Très belle épreuve, signée.

589. **Albert Engström.**

Très belle épreuve, signée.

590. **Demoiselle d'honneur.**

Très belle épreuve, signée.

591. **Concert en famille.**

Très belle épreuve, signée.

592. **Le Raccommodage.**

Très belle épreuve, signée.

593. **La même estampe.**

Très belle épreuve, signée.

594. **Ida.**

Très belle épreuve, signée.

595. **Étude de nu se coiffant.**

Très belle épreuve du 1er état, avant que le plancher soit complètement ombré, signée.

596. **La même estampe.**

Très belle épreuve, signée.

597. **Kesti.**

Très belle épreuve, signée.

598. **Baigneuse marchant dans l'eau.**

Très belle épreuve, signée.

599. **La même estampe.**

Très belle épreuve, signée.

600. **A Rodin.**

Superbe épreuve, signée.

601. **M. et Mme A. Curtis.**

Très belle épreuve, signée.

602. **Sous ce numéro seront vendus les portefeuilles de la collection.**

IMPRIMÉ

PAR

PHILIPPE RENOUARD

19, rue des Saints-Pères

PARIS

www.ingramcontent.com/pod-product-compliance
Ingram Content Group UK Ltd.
Pitfield, Milton Keynes, MK11 3LW, UK
UKHW020428180726
13839UKWH00003B/1401